mein Foto

Dieses Buch gehört:

____

Ich unterstütze bei der EM 2024: ______________

Mein Lieblingsspieler ist: ______________

Mein Wunschfinale ist: ______________ gegen ______________

Mein Lieblingsteam ist: ______________

Das coolste Fußballtrikot ist das von: ______________

Mein Glücksbringer für die EM 2024 ist: ______________

Wenn ich ein berühmter Fußballspieler wäre,
wäre mein Spitzname: ______________

Mein liebster EM-Snack während der Spiele ist: ______________

Ich würde gerne einmal live im Stadion ein EM-Spiel sehen, besonders wenn ______________ spielt.

Meine besondere EM-Spieltradition ist: ______________

Herzlich willkommen in deinem ganz persönlichen Abenteuerbuch zur EM 2024! Dieses Buch ist dein VIP-Pass zu einer aufregenden Reise durch die Welt des Fußballs, gespickt mit Rätseln, Minispielen, Ausmalbildern und vielem mehr.

Hier erwarten dich jede Menge Spaß und Action! Entdecke die faszinierende Welt der EM 2024 mit einem Buch voller bunter Seiten, die darauf warten, von dir mit Leben gefüllt zu werden. Tauche ein in spannende Rätsel, löse knifflige Aufgaben und gestalte fantastische Ausmalbilder. Dieses Buch ist nicht nur eine Hommage an die Magie des Fußballs, sondern auch eine Einladung, deine eigene Kreativität zu entfesseln.

Mache dich bereit für aufregende Minispiele, die deine Fußballkenntnisse auf die Probe stellen und dich vielleicht sogar zum ultimativen Fußballchampion machen. Egal, ob du ein Fußball-Experte bist oder gerade erst in die faszinierende Welt des Sports eintauchst – hier ist für jeden etwas dabei.

Also, schnapp dir deine Stifte, deine Neugier und vor allem deine Fußballbegeisterung, denn dieses Buch wird zu deinem ganz persönlichen Begleiter durch die EM 2024. Viel Spaß beim Lesen, Rätseln, Spielen und vor allem beim Eintauchen in die einzigartige Atmosphäre des größten Fußballfestes!

BINGO

Schaue die EM Spiele und spiele dabei unser Fußballbingo. Immer wenn eine Aktion während des Spiels fällt, kannst du den Begriff dazu wegstreichen. Gewonnen hast du, wenn alle Begriffe weggestrichen sind.

TOOR!!	gelbe Karte	lustiger Fan	ein Team schießt 4 oder mehr Tore
Tor in den ersten 10 Minuten	Rangelei auf dem Feld	11 Meter	Tor in der Nachspiel-zeit
Tor nach einer Ecke	Kopfballtor	rote Karte	das Spiel geht über 120 Minuten
Eigentor	in einem Spiel passieren keine Tore	Hattrick	Freistoß Tor

FLAGGEN QUIZ

Verbinde die Flaggen mit den dazugehörigen Ländern.

Portugal Deutschland Italien Frankreich

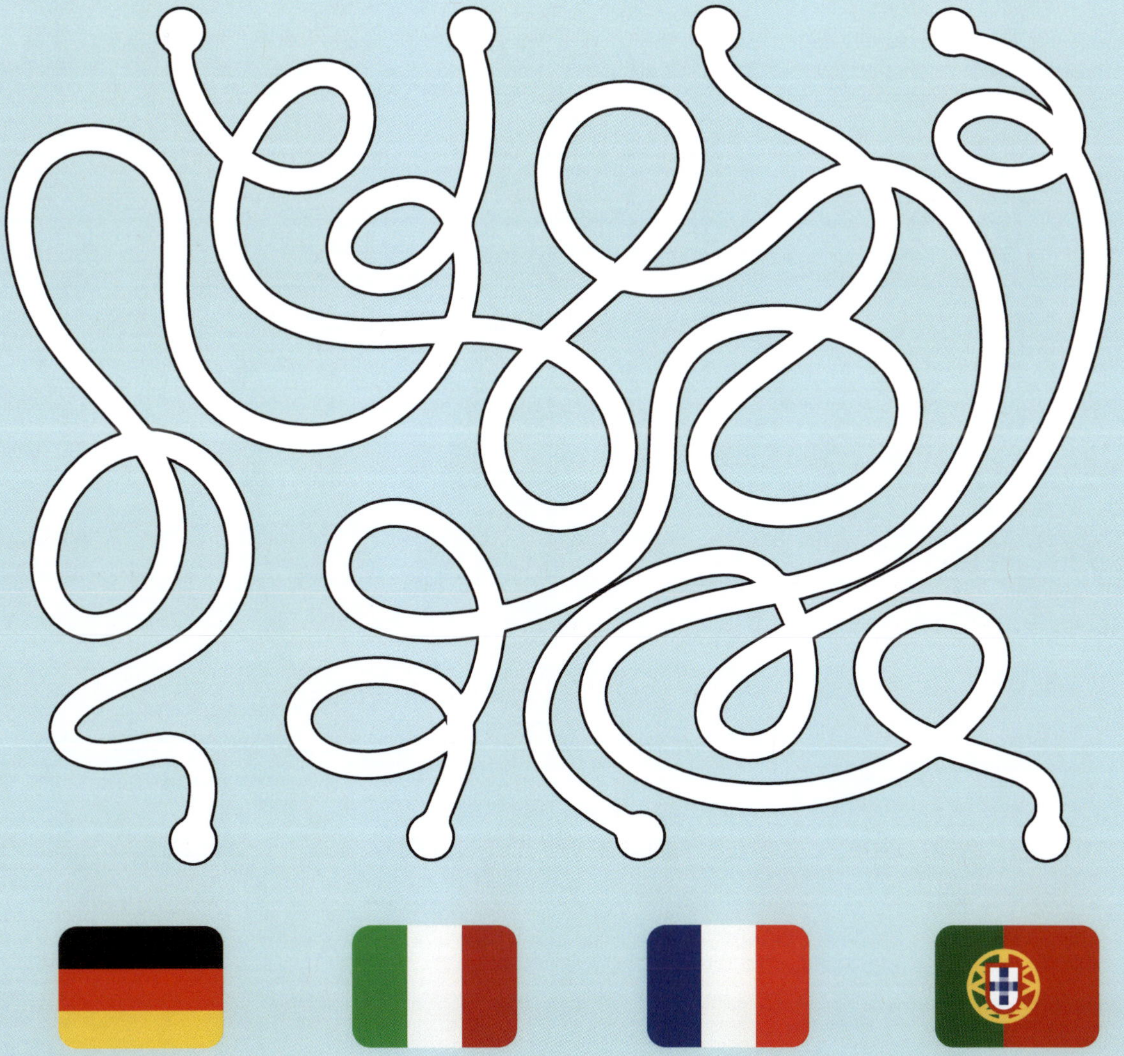

Kreuzworträtsel

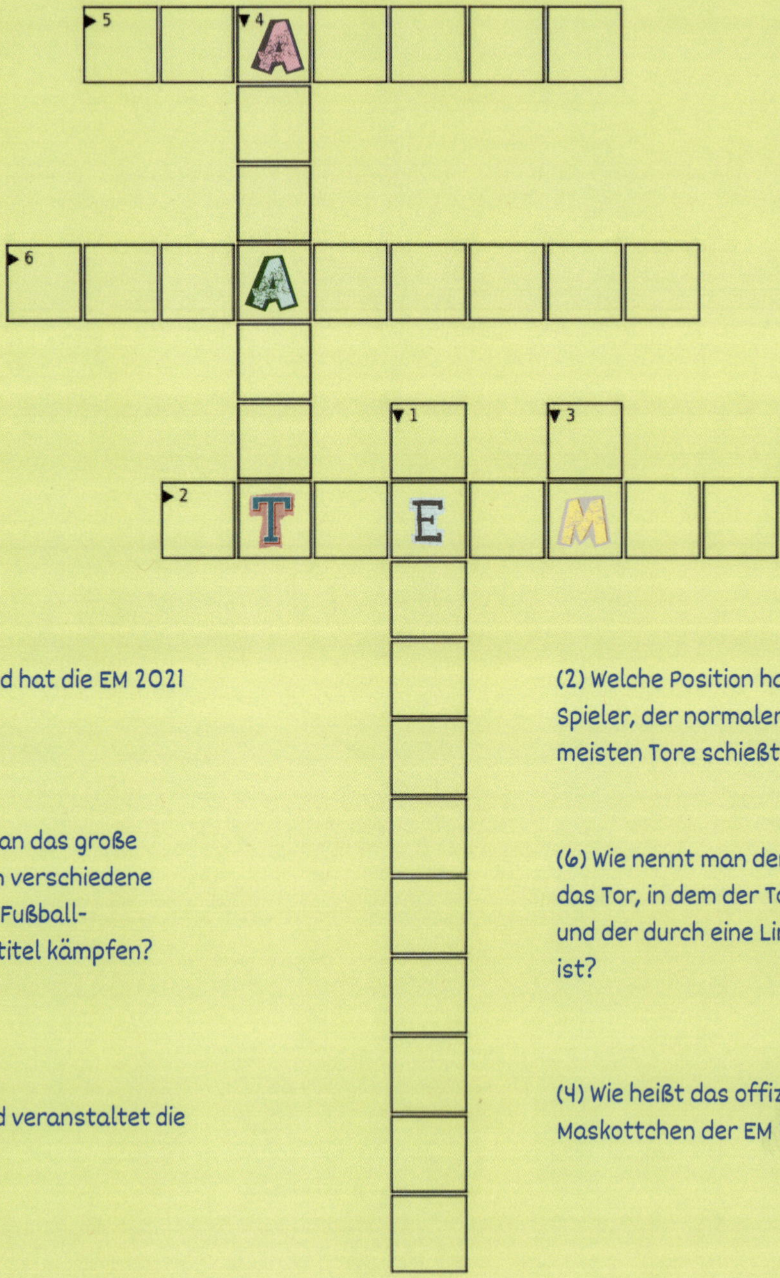

(5) Welches Land hat die EM 2021 gewonnen?

(3) Wie nennt man das große Turnier, bei dem verschiedene Länder um den Fußball-Europameistertitel kämpfen?

(1) Welches Land veranstaltet die EM 2024?

(2) Welche Position hat der Spieler, der normalerweise die meisten Tore schießt?

(6) Wie nennt man den Bereich um das Tor, in dem der Torwart steht und der durch eine Linie markiert ist?

(4) Wie heißt das offizielle Maskottchen der EM 2024?

Gestalte dein EM Maskottchen:

Fußball WirrWarr

WÖRTERSUCHE

FInde die unten aufgelisteten Wörter und kreise sie bunt ein.
(vertikal und horizontal)

K	K	E	C	B	Y	G	U	V	P	A	P	X	X	Y	A
S	Y	S	M	U	K	M	W	N	T	E	A	M	H	L	O
N	O	M	U	Q	E	V	Q	K	J	B	P	O	K	A	L
X	G	E	J	U	U	Q	R	A	V	M	H	C	F	N	B
A	C	X	Z	C	I	R	J	D	O	C	A	B	Q	J	S
Q	G	F	H	P	I	H	Y	M	Y	A	L	A	E	W	Y
S	T	K	L	F	B	E	N	K	T	L	B	L	H	J	Y
K	A	R	T	E	T	I	D	M	V	I	Z	L	M	E	C
N	P	W	G	S	T	A	D	I	O	N	E	P	U	E	L
M	Q	G	C	Q	J	N	U	Q	B	P	I	L	T	I	J
E	M	W	D	E	C	A	M	W	Z	Y	T	I	O	E	Y
V	N	G	A	L	B	Ä	R	T	E	N	I	D	R	M	B
G	K	C	T	R	A	I	N	E	R	W	H	R	W	X	C
U	N	O	L	Q	E	A	T	G	W	N	V	Y	A	G	J
H	O	H	D	D	L	N	X	H	U	X	K	S	R	T	I
X	F	L	A	N	K	E	I	A	B	K	P	H	T	Y	V

KARTE - TORWART - HALBZEIT - FLANKE - BALL - TEAM - POKAL -
EM - TRAINER - STADION - ALBÄRT

Finde die Fehler

Auf dem unteren Bild fehlen vier Dinge, die auf dem Oberen sichtbar sind..
Kreise die diese Dinge auf dem oberen Bild ein.

Tor Mathe

Errechne, welches Team das Spiel gewinnt.

___ : ___

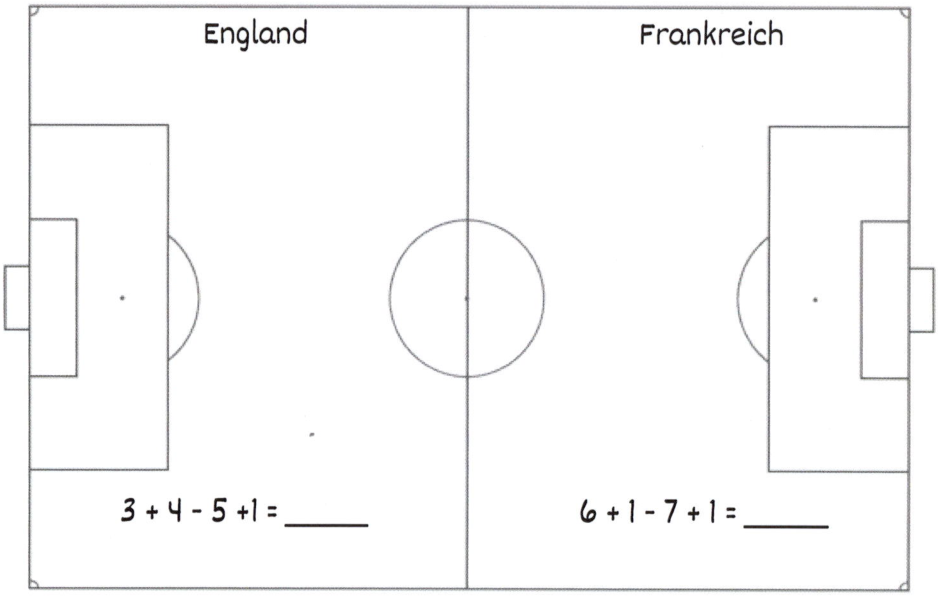

___ : ___

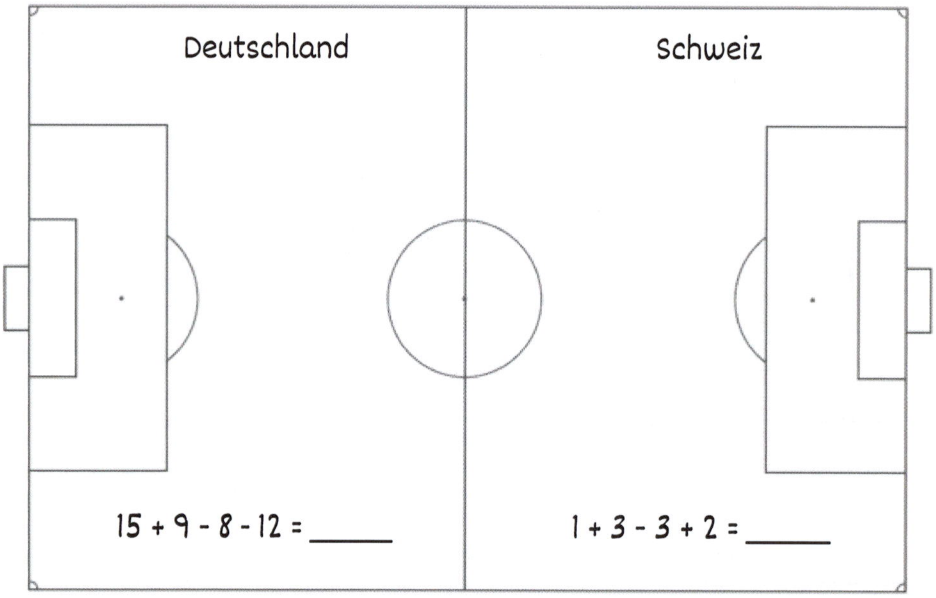

Mal mich aus:

Fußball Labyrinth

Finde den Weg ins Stadion.

gestalte deinen

EM POKAL

Kreuzworträtsel

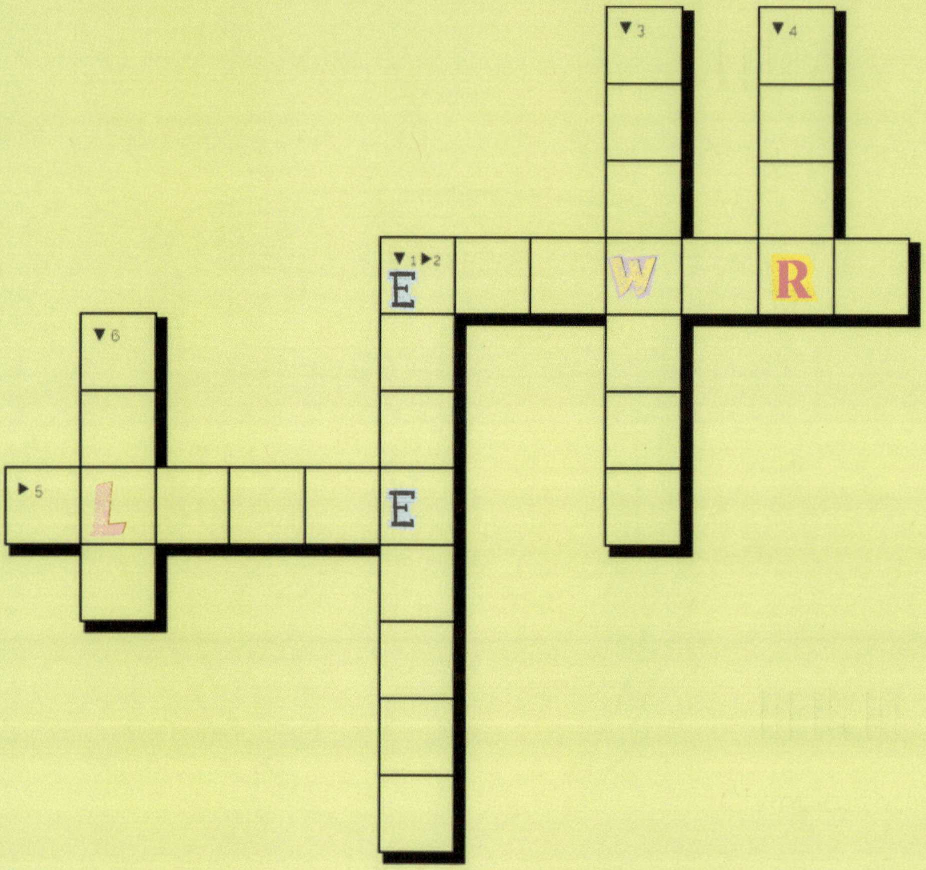

(1) Was macht ein Spieler, wenn er den Ball absichtlich ins eigene Tor schießt?

(2) Was machen die Spieler, wenn der Ball ins Seitenaus geht?

(3) Welcher Spieler darf den Ball mit den Händen berühren?

(4) Wie oft wird die EM Euro ausgetragen? Alle ... Jahre?

(5) Welche Aktion führt ein Spieler aus, um den Ball in hohem Bogen über die Abwehr zu spielen?

(6) Welche Farbe hat die Karte, die der Schiedsrichter für eine Verwarnung zeigt?

Mal mich aus:

FLAGGEN QUIZ

Verbinde die Flaggen mit den dazugehörigen Ländern.

Niederlande Schweiz Österreich Ungarn

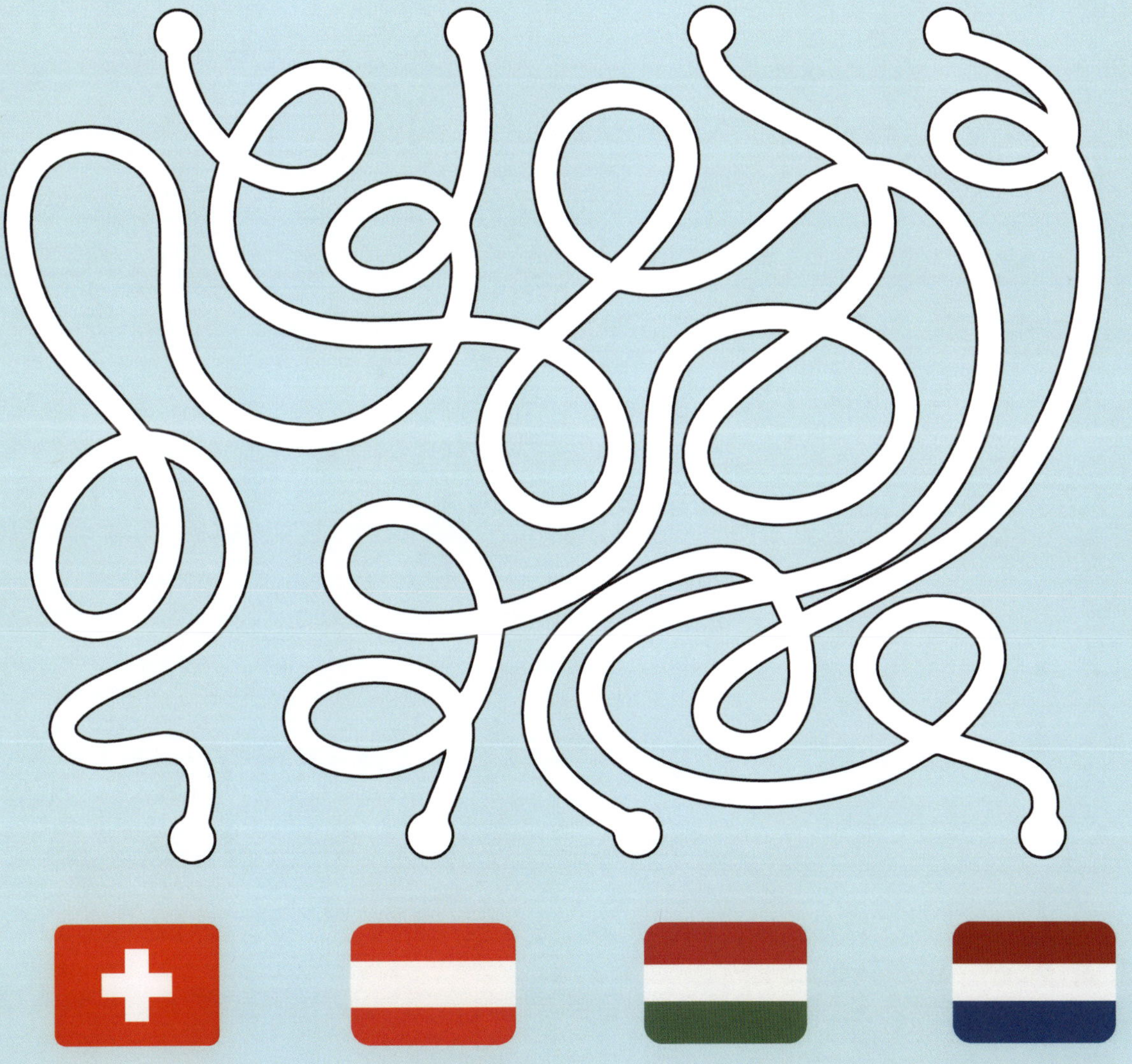

Wörter-Wusel

Bilde aus den Buchstaben Begriffe, dafür müssen alle Buchstaben verwendet werden.

R T O = ____________________

C K E E = ____________________

R K O T T I = ____________________

O A C H C = ____________________

A B L H E I Z T = ____________________

K A T I K T = ____________________

R T S U A M F R A = ____________________

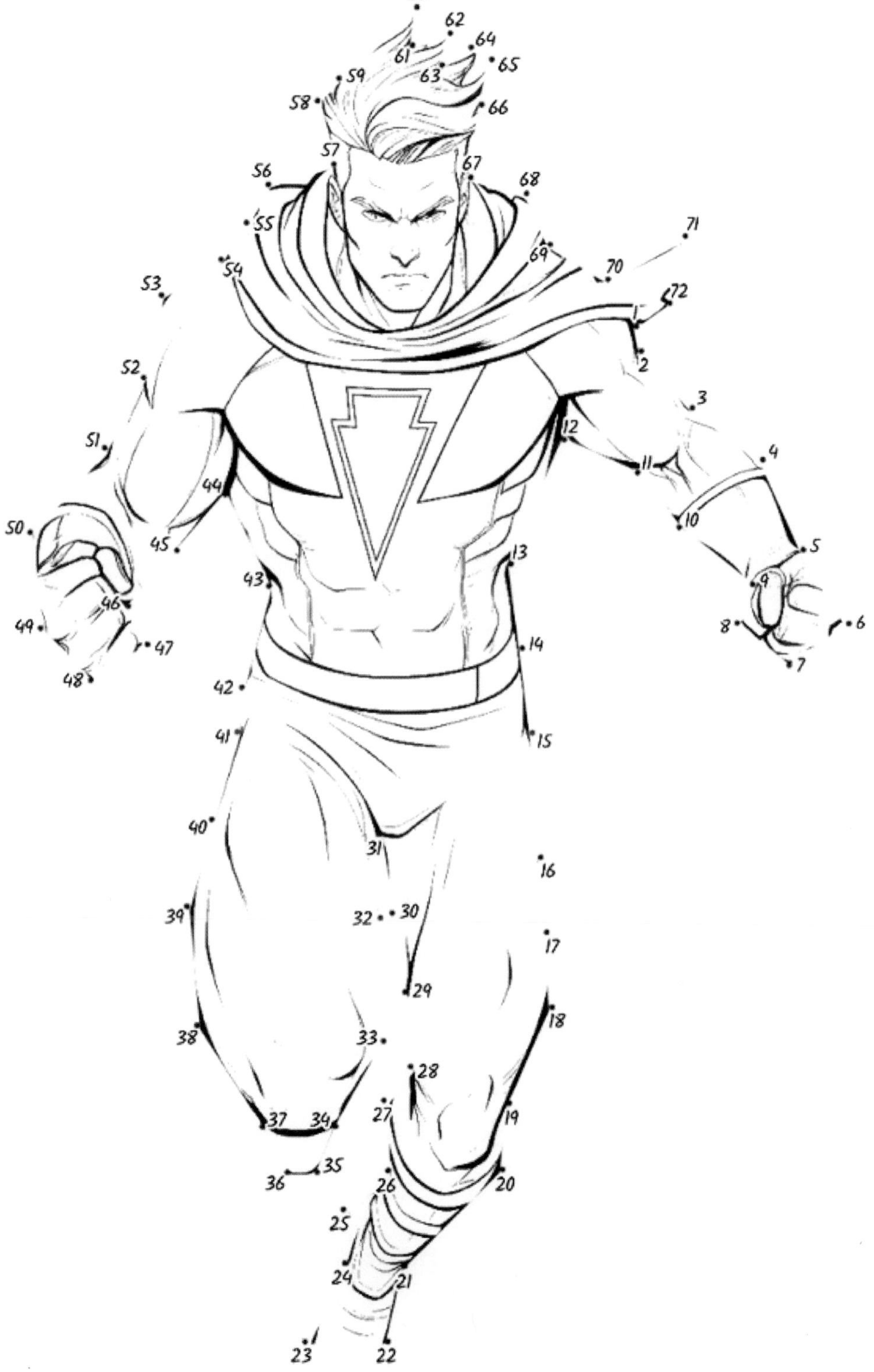
1
2
3
4
5
6
7
8
9
10
11
12
13
14
15
16
17
18
19
20
21
22
23
24
25
26
27
28
29
30
31
32
33
34
35
36
37
38
39
40
41
42
43
44
45
46
47
48
49
50
51
52
53
54
55
56
57
58
59
60
61
62
63
64
65
66
67
68
69
70
71
72

Mal mich aus:

Finde die Fehler

Auf dem unteren Bild fehlen vier Dinge, die auf dem Oberen sichtbar sind..
Kreise die diese Dinge auf dem oberen Bild ein.

Tor Mathe

Errechne, welches Team das Spiel gewinnt.

__:__

Österreich

(1 + 1) * 2 = ______

Italien

(7 - 6) * 2 = ______

__:__

Portugal

7 - 5 + 2 * 1 = ______

Spanien

(10 - 4) - (4 - 2) = ______

Fußball Labyrinth

Hilf den Kindern ein Tor zu schießen.

MEIN EM - OUTFIT

Gestalte dein Trikot

Male coole Fußballschuhe

Fußball WirrWarr

WÖRTERSUCHE

Finde die unten aufgelisteten Wörter und kreise sie bunt ein.

(vertikal und horizontal)

S	J	Z	H	G	C	P	F	E	L	D	N	Q	L	E
I	Q	G	R	R	A	Q	H	C	E	C	S	Q	G	I
D	Z	H	K	D	W	U	R	A	U	H	C	F	S	N
T	R	I	K	O	T	J	O	N	I	O	J	O	U	W
N	C	Y	S	I	O	A	Z	G	P	F	G	U	W	U
O	O	O	N	H	M	E	J	R	U	L	O	L	M	R
X	H	I	L	W	B	L	U	I	Q	A	S	C	M	F
R	A	Q	Q	S	O	F	H	F	P	N	D	N	N	E
U	L	S	O	P	U	M	S	F	P	K	B	T	G	T
B	B	W	D	I	V	E	U	T	I	E	B	E	B	O
O	Z	H	Z	E	U	T	E	X	D	S	O	A	N	R
L	E	Z	F	L	J	E	O	B	T	L	G	M	I	S
S	I	O	B	E	O	R	E	F	N	X	N	G	I	C
T	T	F	M	R	H	B	O	A	B	S	E	I	T	S
U	V	X	W	C	L	K	C	E	O	P	U	O	J	G

HALBZEIT - FOUL - ANGRIFF - FELD - TEAM - EINWURF - FLANKE - ABSEITS - TRIKOT - ELFMETER - TOR - SPIELER

EM - QUIZ

Trage die rot unterstrichenen Buchstaben nacheinander in die Felder des Lösungswortes ein.

1. Welches Land stand am häufigsten im Finale der EM?:
   ___ ___ ___ T ___ ___ ___ ___ ___ ___ ___
2. In welchem Monat beginnt die EM?: ___ ___ ___ I
3. In welchem Bundesland wird das Finale ausgetragen?:
   ___ ___ ___ ___ ___ ___
4. In welchem Stadion wird in Berlin gespielt?
   ___ ___ Y ___ ___ ___ ___ ___ ___ ___ ___ ___ ___ ___
5. Welches Land hat neben Deutschland die meisten EM Titel gewonnen? ___ ___ ___ N ___ ___ ___
6. Wer ist der amtierende Europameister?
   ___ ___ ___ ___ ___ ___ ___
7. Wie heißt der aktuelle deutsche Bundestrainer mit Nachnamen?: Julian ___ A ___ ___ ___ ___ ___ ___ ___ ___
8. Wer legt die Taktik eines Teams beim Spiel fest?
   ___ R ___ ___ ___ ___ ___
9. In welchem Monat findet das Finale statt?: ___ U ___ ___
10. Im ersten Turnier spielt Deutschland gegen ....? :
    ___ ___ H ___ ___ ___ ___ ___ ___ ___
11. Wer steht im Tor?: ___ ___ R ___ ___ ___ ___
12. In welchem Stadt wird das erste Spiel ausgetragen?
    ___ ___ N ___ ___ ___ ___
13. Was für ein Tier ist das diesjährige EM Maskottchen?
    ___ Ä ___

Lösungswort: ___ ___ ___ ___ ___ ___ ___ ___ ___ ___ ___ ___ ___

Finde die Fehler

Auf dem unteren Bild fehlen vier Dinge, die auf dem Oberen sichtbar sind..
Kreise die diese Dinge auf dem oberen Bild ein.

FAKTENCHECK:

Hättest du gedacht, dass...

...das schnellste Tor in der Geschichte des Fußballs wurde nach nur 2,8 Sekunden erzielt wurde?

...der größte Fußball der Welt einen Durchmesser von über 6 Metern hat und so viel wie ein Elefant wiegt?

...der größte Fußballschuh der Welt so groß wie ein Haus ist?

..der härteste gemessene Schuss der Welt 210,9km/h schnell war?

...der höchste Sieg bei einer EM-Endrunde das 6:1 der Niederlande gegen Jugoslawien bei der EM 2000 war?

...der EM Pokal zirka 10 Kilogramm wiegt und 42,5 cm hoch ist?

...der Rekordjäger bei der EM Christiano Ronaldo mit 14 Toren ist?

...die erste "EM" 1958 statt fand? Damals hieß sie aber Europapokal der Länder!

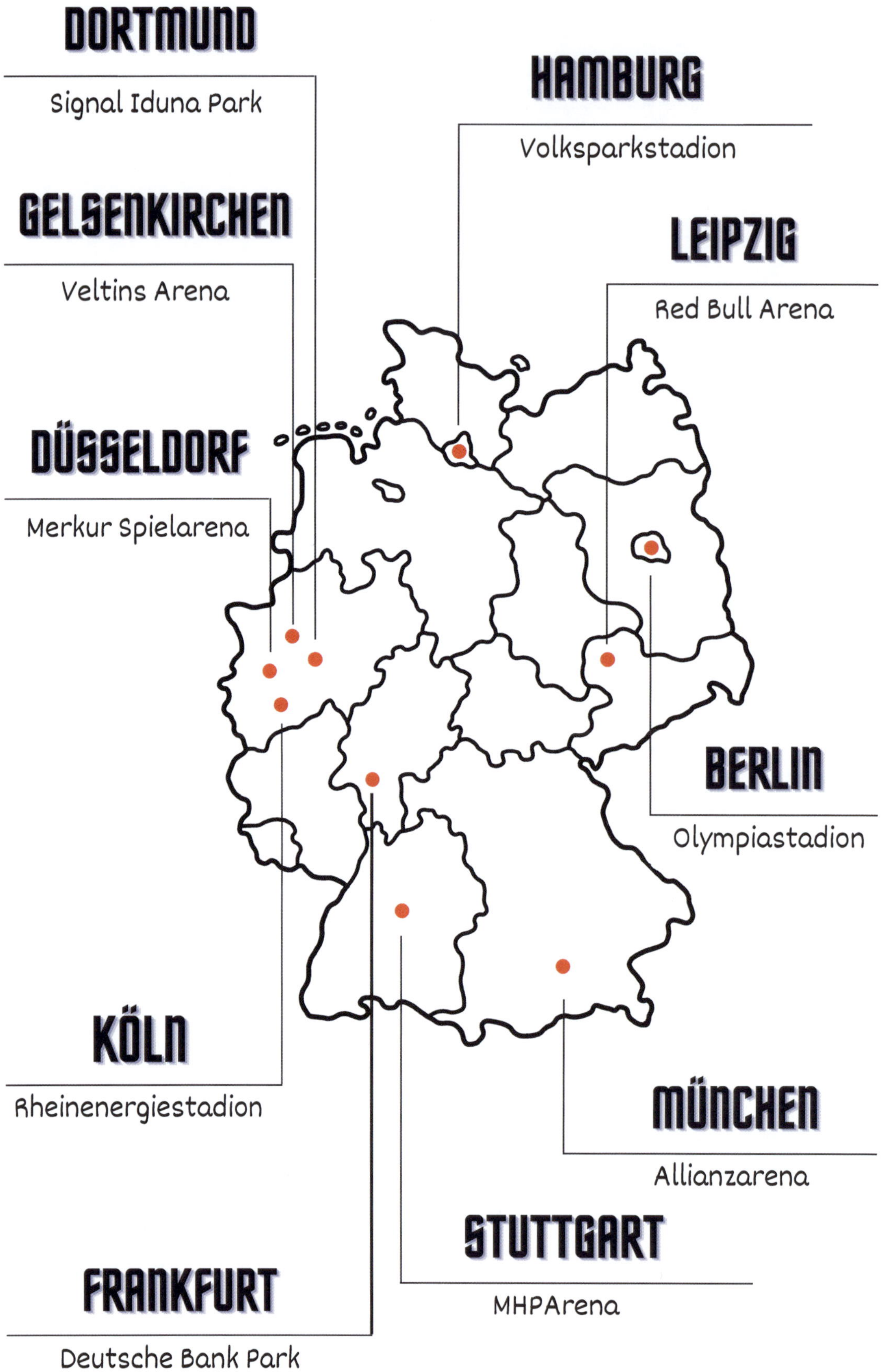
DORTMUND
Signal Iduna Park
HAMBURG
Volksparkstadion
GELSENKIRCHEN
Veltins Arena
LEIPZIG
Red Bull Arena
DÜSSELDORF
Merkur Spielarena
BERLIN
Olympiastadion
KÖLN
Rheinenergiestadion
MÜNCHEN
Allianzarena
STUTTGART
MHPArena
FRANKFURT
Deutsche Bank Park

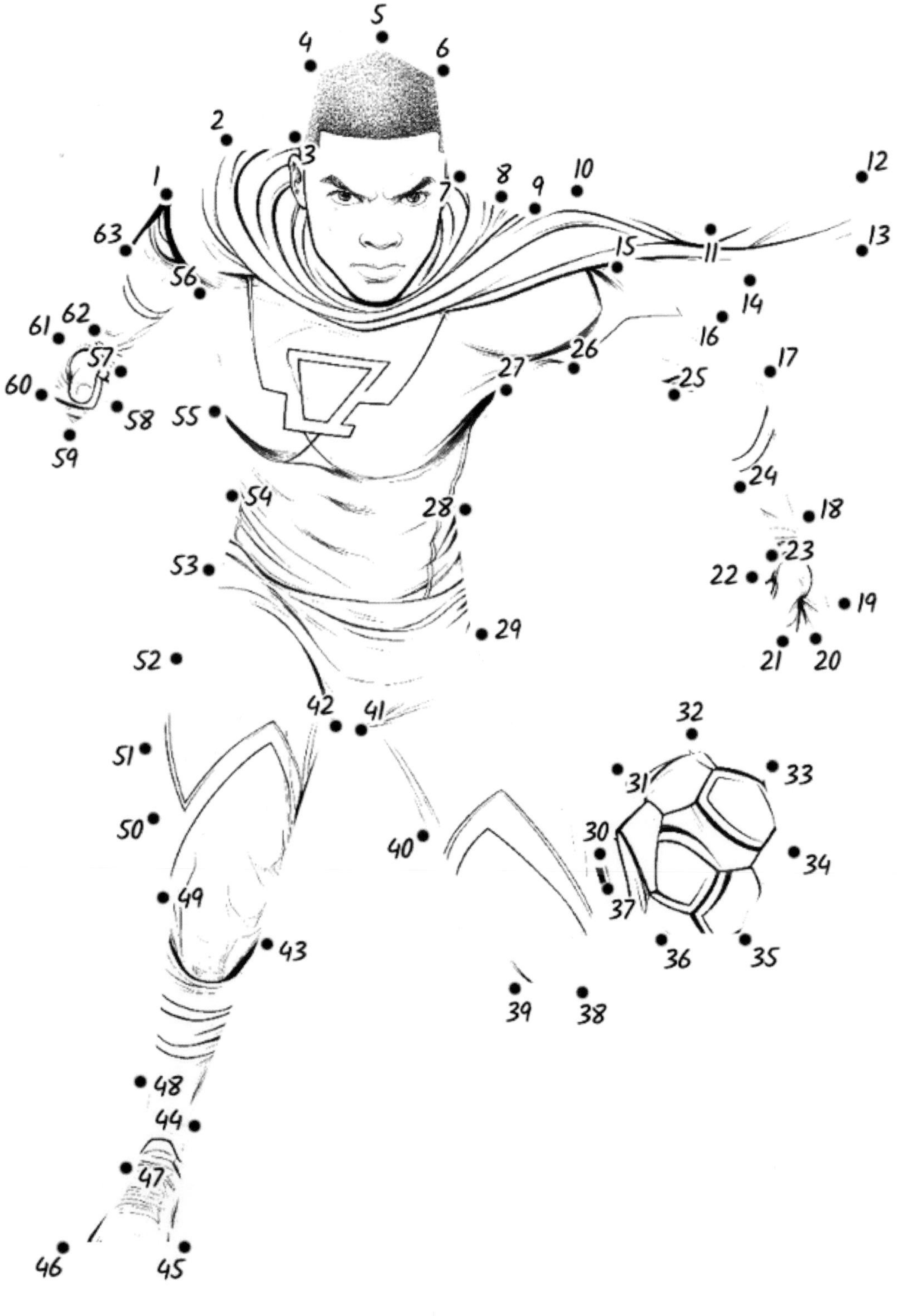
1
2
3
4
5
6
7
8
9
10
11
12
13
14
15
16
17
18
19
20
21
22
23
24
25
26
27
28
29
30
31
32
33
34
35
36
37
38
39
40
41
42
43
44
45
46
47
48
49
50
51
52
53
54
55
56
57
58
59
60
61
62
63

Wörter-Wusel

Bilde aus den Buchstaben Begriffe, dafür müssen alle Buchstaben verwendet werden.

S P A S = ____________________

O L F U = ____________________

R K O T T I = ____________________

Ä I A K T P N = ____________________

B S I A E T S = ____________________

U I N E F W R = ____________________

E L E E M R F T = ____________________

Fußball Labyrinth

Führe deine Mannschaft zum EM Pokal.

TOR ÜBERSICHT:

Trage dir hier die Tore in jedem Finale ein!

Achtelfinale 3

___:___

Achtelfinale 1

___:___

Achtelfinale 5

___:___

Achtelfinale 6

___:___

Viertelfinale 1

___:___

Viertelfinale 2

___:___

Halbfinale 1

___:___

FINALE

___:___

Halbfinale 2

___:___

Viertelfinale 3

___:___

Viertelfinale 4

___:___

Achtelfinale 7

___:___

Achtelfinale 8

___:___

Achtelfinale 4

___:___

Achtelfinale 2

___:___

SPIEL ÜBERSICHT:

Trage hier die Länder, die in jedem Finale spielen ein!

Im Achtelfinale 1 spielt: ________ gegen ________
Im Achtelfinale 2 spielt: ________ gegen ________
Im Achtelfinale 3 spielt: ________ gegen ________
Im Achtelfinale 4 spielt: ________ gegen ________
Im Achtelfinale 5 spielt: ________ gegen ________
Im Achtelfinale 6 spielt: ________ gegen ________
Im Achtelfinale 7 spielt: ________ gegen ________
Im Achtelfinale 8 spielt: ________ gegen ________

Im Viertelfinale 1 spielt: ________ gegen ________
Im Viertelfinale 2 spielt: ________ gegen ________
Im Viertelfinale 3 spielt: ________ gegen ________
Im Viertelfinale 4 spielt: ________ gegen ________

Im Halbfinale 1 spielt: ________ gegen ________
Im Halbfinale 2 spielt: ________ gegen ________

Im Finale spielt: ________ gegen ________

: ________________

Tor Mathe

Errechne, welches Team das Spiel gewinnt.

___ : ___

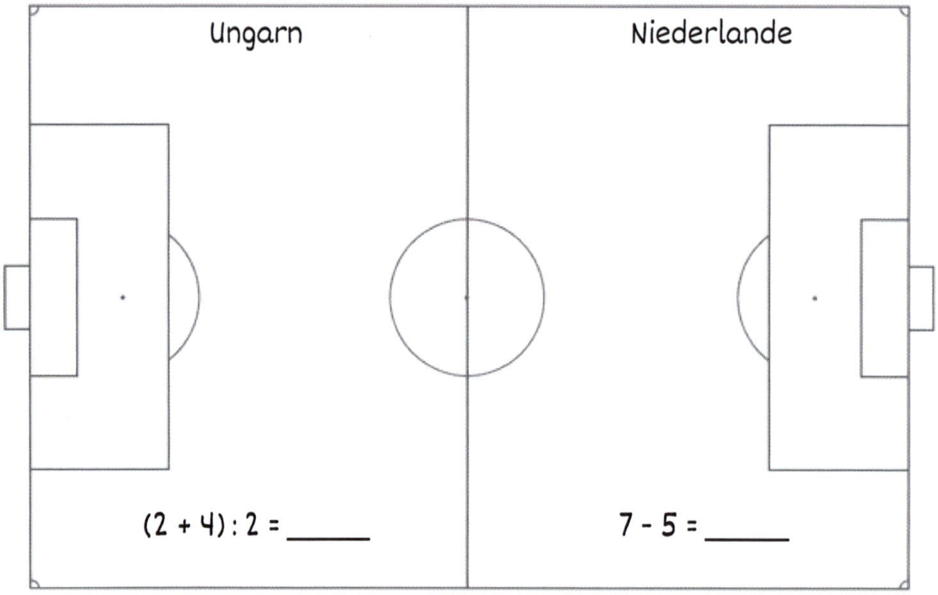

___ : ___

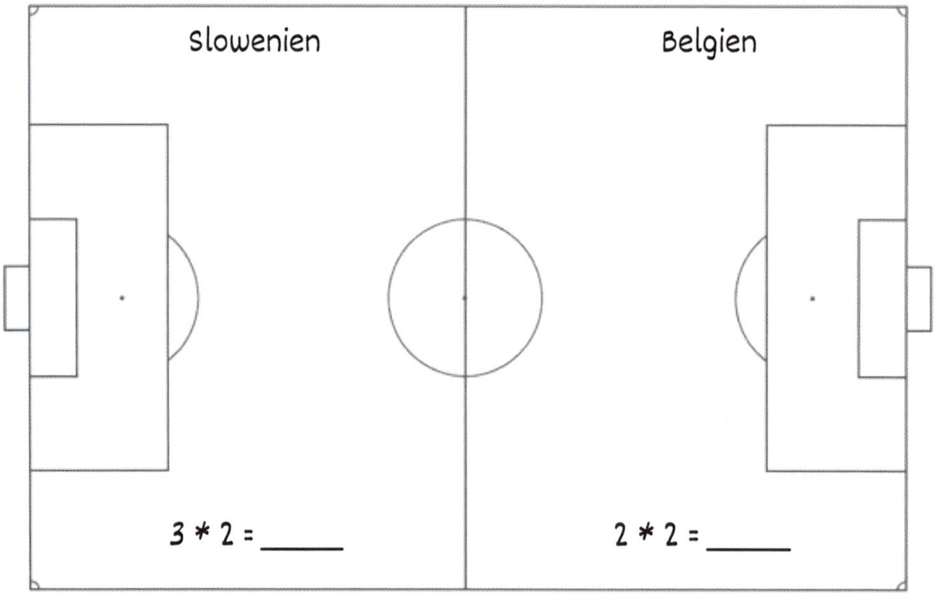

Meine Spielnotizen:

Herzlichen Glückwunsch!

Du hast es geschafft, dieses interaktive Fußballabenteuer bis zum Ende zu begleiten. Du hast Rätsel geknackt, Minispiele gemeistert, ausgemalt und unvergessliche Momente erlebt.

Dieses Buch war deine Eintrittskarte in die faszinierende Welt des Fußballs und der EM 2024. Du hast nicht nur dein Wissen über den Sport erweitert, sondern auch deine Kreativität durch das Ausfüllen der Seiten zum Leben erweckt.

Wir hoffen, dass dieses Buch nicht nur unterhaltsam, sondern auch lehrreich für dich war. Egal, ob du ein eingefleischter Fußballfan bist oder gerade erst anfängst, diesen aufregenden Sport zu lieben – dieses Buch war dein persönlicher Begleiter auf diesem Abenteuer.

Nun, da du alle Rätsel gelöst und Seiten ausgefüllt hast, möge die Magie des Fußballs immer in deinem Herzen bleiben. Mögest du in zukünftigen Fußballspielen genauso viel Freude und Spannung erleben wie in diesem Buch.

Vielen Dank, dass du ein Teil dieser Reise warst. Möge dein Fußballabenteuer weitergehen, und wer weiß, vielleicht erleben wir uns wieder in einem nächsten Buch!

Printed in Poland
by Amazon Fulfillment
Poland Sp. z o.o., Wrocław

33929525R00025